JN409153

황 윤 원 시집

삐에로 Pierrot

도서출판 진실한 사람들

自 序

내 마음의 스냅사진첩

꺼내려다 집어넣고, 또 꺼내다 집어넣고…
더 이상 묵혔다간 아예 사라질 것 같아
어릴 적 꿈 용기내 꺼내 보려 한다.
마음이 울리는 결을 따라
때로는 실소를, 때로는 눈물을, 때로는 치기를 담아
아직은 가공 모자라 텁텁한 막걸리인 채로
여기,

내 세상에 내 방식으로 내가 만든 집에 나 혼자 들어가 앉아 그려내는 내 삶의 초상화를 순간순간 찍어 둔 것 중 골라 묶어 내 마음의 스냅사진첩으로 상재한다. '삐에로'라고 부르며.

삐에로는 모습부터가 우스꽝스런 웃음의 대상이다. 무대에서 주연을 빛내주고자 미리 나와 어리광으로 지루한 청중을 웃겨주는 광대. 약방의 감초로 분위기를 띄우고자 하면 영락없이 등장하는 어리석고 초라하고 불쌍하고 순박한 모습의 바람잡이 조연. 그래서 인간적 연민의 대상이기도 한 삐에로. 그는 늘 욕심 없이 자유로우나 나약하진 않아 괴롭고 힘든 삶도 꿋꿋이 이겨나가는 우리네 모습 아닐까. 주변에 삐에로가 많으면 세상은 더 따뜻해질 것 같다.

2013년 봄

황 윤 원

차 례

제 3 부

제 4 부

제 5 부

제 1 부

뻬에로

칠흑의 밤하늘에 저리도 별이 밝게 빛나는 것은
별이 밝아서가 아니라 별을 품은 어둠이 있어서지요

부자 돋보이는 건
부자 잘 나서가 아니라 가난한 이 많아서지요

잘 생긴 사람 멋져 보이는 건
잘 생긴 얼굴 아니라 못난 얼굴 많아서지요

장미가 아름다운 건
장미의 아름다움 아니라 들풀 가까이 있어서지요

키 큰 사람 커 보이는 건
큰 키 아니라 작은 사람 곁에 있어서지요

백옥미인 아름다움도
뽀얀 살결 아니라 검은 얼굴 틈에 끼여 있어서지요

세상에는 홀로 빛나는 별 없고
홀로 부자 없고
홀로 잘 생긴 이 없고
홀로 아름다운 장미 없고
홀로 키 큰 사람 없고
홀로 뽀얀 백옥미인 없지요

소롯이
곁에 있는 삐에로 덕분이지요

대동강 서시(大同江 敍詩)

이 앙증맞고 귀여운 대동강 양각도
칠흑 같은 적막이 한반도를 송두리째 삼키고는
아무 일 없던 양
꿀 먹은 벙어리로 우두커니 앉아 있다

저 멀리선
을씨년스레 묵직한 기적소리에 올라탄
처절한 개 울음소리
대동강 물 위로 유분처럼 소스라쳐 흩어진다
이 어둠의 장송곡 난리법석도 아랑곳하지 않고
철없는 대동강 개구리는
하릴없이 그저 목 터져 울어친다

평양 하늘 위엔
휘영청 숫보름달 한가로이 걸어 놓고
물 아래 암보름달
찰나 같은 인간 세상 비웃으며
강바닥에 털썩 한가로이 주저앉았다

저 건너 능라도 버들가진 옛날처럼 가지런히 휘어져 늘어졌고
대동강 물줄기는 세월도 잊은 채
도도히도 내일로 흘러가는데

아서라,
어인 운명이 이리도 지지리 못나
대동강 물줄기, 한강 물줄기 비껴 타게 했는가
물 색깔 두 강 어찌 이리 달리 하고
보름달은 하난데 쳐다보는 아이들 떼어 앉히고
한식구 개구리
밤섬 따로, 양각섬 따로 울리는가!

지금 이 시각엔 서울 밤섬에도
기적 소리, 개 짖는 소리, 개구리 울음소리
함께 법석대겠지
서울 하늘에 떠 있는 수컷달도
한강 바닥에다 암컷달 끼고 앉아 있겠지
심장이 멎도록 가슴 저린 조국아,

한 시간이면 족히 올 걸
북경 지나 돌아오니 왜 이리 먼 길이냐
외국 호텔 카운터라 영어로 물어보니
돌아오는 대답은 한국말이로세
외국 같은 한국
한국 같은 외국
거기가 바로 여기 가슴 저린 평양이로세

한국이고
한국일 수밖에 없는
여기 평양에서
나는 지금
한국이 아니라고 우겨야 한다네
우리라는 생각에 이리도 가슴 저미면서
대동강 늦은 밤
나는 지금
무슨 생각으로 이 안타깝고 아름다운 조국의 시를 빚어내야 할지
그려보고 지우고

지우고 또 그리고
원고지가 도대체 채워지질 못하네

그래도
까마득히 잊었던 기적 소리
아스라이 묻어나는 개 짖는 소리
발밑에서 울어대는 개구리 소리
밤하늘에 솟은 숫달
강바닥에 앉은 암탈을
모두 모두 빈칸에다 채워 넣어
다만
생각다발로 묶어서
원고지 하나 가득 담아 두기만 할 뿐이지만
세월 흘러 꿰어지면
저절로 묵고 익어
옹기종기 매달린 아름답고 영광된 조국의 서시로 열리리라

-대동강 양각도 호텔에서(2006. 4.)

무선전화 선

가녀린 거미줄마저 잘게 쪼갠
하루살이 나래질에도 끊어질
아슬아슬 무선전화 선
안쓰럽게 달랑
하늘 높이 올려 매어
애처로운 가슴마저 함께 매달았다

주정뱅이 노숙자 걷어차면 어쩌나
개구쟁이 잠자리채 낚아 채면 어쩌나
심술쟁이 까치들 걷어 가면 어쩌나
시샘쟁이 봄바람 치고 가면 어쩌나
종일토록 따르릉 소리에
졸여 묶어둔 가슴
길게 빠진 목 줄기 위로 삐죽 솟았다

따르릉
쉿~~~

소리 크면
행여 줄 다칠세라 두 손으로 사알짝 받아

여보세요~~~

숨 죽인 소리조차 확성기 소리
오롯이 저 한 줄에
아슬아슬 매달린 사랑
그 줄 끊어지면
내 사랑하는 사람
고운 목소리 다신 못 들을 것 같아서

거기 누구 없나요?

거기 누구 없나요?
우리 집에 걸려 있는 거울 모두
차떼기로 싣고 내다 버려 줄 사람
외출하는 내 얼굴 화장빨 안 받는다 짜증내지 못하게

거기 누구 없나요?
내 핸드백 속 손거울
훔쳐가 줄 사람
속눈썹 날 서지 않는다 화내지 못하게

거기 누구 없나요?
백화점 진열장 벽거울
망치로 내려쳐서 죄다 부셔줄 수 있는 사람
축 늘어진 내 엉덩이 보며 기죽지 않게

거기 누구 없나요?
헬스장 벽거울 하얀 페인트로 칠해 줄 사람
볼쏙 나온 내 아랫배 만지며 더 숨차 하지 않게

있는 내 모습 그대로만 비쳐주지 않고
이리저리 다듬고 고쳐서
이쁘게 보여주는 새 거울 만들어 낼 사람

화장빨도 더 잘 받고 속눈썹 날 더 잘 서고
엉덩이 바싹 당겨주고 아랫배 쏙 들어가
젊은 날 내 모습 다시 살려 보여주게

아니, 차라리 거기 누구 없나요?
세상 거울 죄다 없애버릴 수 있는 용감한 사람
그래서 거울 속에 날 비추지 않고
사랑하는 사람 가슴속에 날 비출 수 있게

동서울터미널 삼만 원어치 사랑

그나마 동서울터미널 한켠엔
아직도 따뜻한 엄마의 심장이
떠나는 버스 창 너머로 숨죽이며 힘겨이 파닥대고 있다

인천공항, 서울역
고속버스터미널
어디에도 이제 더 이상
눈물로 배웅하던 어릴 적 엄마의 사랑은 살지 않는다
애틋하던 그 사랑 다 문명의 이기에 휩쓸려나가
말라버린 세월의 강바닥엔
각박한 서울내기 차가운 이기심만 해골로 나뒹군다

그렇지만 아직 동서울터미널엔
동서울터미널엔

얘야, 얼마 되진 않다만,
이걸루 침 맞고 차비하거라

꼬깃꼬깃 접어 건네는 만 원짜리 석 장
흙 묻은 거친 손으로 구부러진 허리춤에서 꺼내주시는
늙은 엄마의 가슴 저민 사랑이
초저녁 연기로 아스라이 솟아올라
메마른 서울 하늘
촉촉이 적셔 피운다

동서울터미널 삼만 원어치 사랑이
아차산 너머로
높이 드높이 솟아오른다
등 굽은 엄마의 늘어진 젖꼭지에 애처로이 매달려

하얀 거짓말

엄만 늘 식은 밥이
갓 지어 모락모락 김나는 따뜻한 밥보다 더 맛있다 했다
그래서 철들 때까지
식은 밥에 영양가 더 많은 줄 알고 살았다

어느 봄날 처마 끝 제비가족
배고파 입 벌리는 어린 새끼들
갓 물어 온 큰 지렁이 통째로 삼킨 어미 향해 난리법석 떤다
천하에 고얀 어미 때려잡으려 부지깽이 들고 왔더니
잘게 씹은 지렁이 다시 꺼내 차례로 나눠먹인다
먹잇감 너무 커 목 메일세라
잘게 쪼개 타액 묻혀
나눠 먹이는 어미제비 새끼 사랑
울 엄마도 그렇게 어미제비로
허구한날 자식들 철들 때까지
하얀 거짓말로
식은 밥만 먹고 살아오신 거다

얘들아,
난 식은 밥이 훨씬 더 맛있단다, 라며

폐품 인생

사람도 상품인가 나이 따라 값쳐주네

스무 고개 올라서니 아무리 철없어도
신상품 출시라고 진열대에 올려지네

서른을 넘어서면 시제품 신세 벗고
정품으로 태어나 제값 받고 팔려 가고

마흔 고개 다다르니 세상 이치 알 만하여
흠집난 것 다 밀어내 명품 되기 손색없네

사람 나이 쉰 넘으면 목소리도 함께 쉬어
할인매장 나뒹구는 떨이상품 아닐는가

그래도 그건 양반일세

예순 줄 접어들어 보시게나
할인매장도 감지덕지
창고에 꾸겨 쌓은 재고상품 신세로세

잘 생겨 돈 많아 머리 좋아 무슨 소용
모조리 한방에 쓸어 담곤 저울로 무게 달아
박스 가격 매겨지니 재고품 땡처린들 고마운 일 아닐는가

한 많은 내 인생 너무나도 억울하고
못다 한 일 너무 남아 아직은 아니라고
갖은 악 다 써대며 우기질랑 마시게나

칠순 고개 넘고 나면 가격조차 안 매기니
청소부 찾아와서 치워 주면 고마운 일
폐품 신세 된다는 걸 그 누가 한탄하랴

어른 되기

어른도 아이처럼 성장통 앓는다
마흔 넘은 어른도 곰인형 필요하다
어른이 된다는 건 심통이 생기는 것
건강한 어른은 마음 병 숨기지 말아야 한다.

어른이 되려거든
건망증쯤은 아예 치료하려 들지 마라
애써 지나간 일 기억해서 무엇하나
어제 일은 어제로 그만이고
그제 일은 그제 이미 가버린 걸
뭘 그리 재고 따지고 하는가

정말 어른이 되고 싶거든
이거 하나면 된다
아직도 나는 살아 있어 고맙다는 거

봄비

봄비는 밤에만
살금살금 내린다
쥐 좇는 고양이 걸음으로

누구도 몰래
삼라만상 촉촉이 적시며
나 내린단 소란 떨지 않아도
얼마나 귀한 빗방울인지
아는 사람 다 안다

오늘 새벽
저리도 차분히 내리는
저 봄비처럼
세상 선행 모두 봄비였음 좋겠다

제 2 부

고속도로 닭장 차

닭들이 달린다
힘겨운 나랫짓 하나 없이도
차에 실려 잘도 달린다

어딜
왜 가는 진 몰라도
태어나 처음 그저
이리도 씽씽 신나게 달려보긴 처음이니
마냥 신나기만 하다

어떤 놈은
바깥 세상 참 멋지다
목 길게 내밀어 세상 구경이다
어떤 놈은
이사 갈 새집 궁금해 소리치며
조바심 낸다

어떤 놈은
이사는 무슨 놈의 이사, 그냥 눌러 살 일이지

세상사 귀찮아
한눈조차 반쯤만 치켜뜨곤 비아냥이다
또 어떤 놈은
망할 놈의 세상, 될 대로 되라며
아예 머리 비틀어 처박고
망연자실 체념이다

저 닭장 속 세상사는
이 세상 속 인간사

옆 동네로 이사도
봄 소풍 꽃놀이 길도 아닌
목 떼이러 도살장 끌려가는 황천길임을
아는 놈 아무도 없다
한 시간만 지나면
가슴살 따로 다리살 따로
저녁상에 얹힐 걸
미리 아는 놈 하나 없다

내일 모른 채
오늘에 발버둥 하는 우리네 세상이
저
고속도로 닭장차 속도만큼
씽씽
살을 에며 바삐 도망치듯

-경부고속도로에 지나가는 닭장차 바라보며(2007. 봄)

늦가을 제주의 눈

늦가을 제주에 내린 눈은
온통 새파랗다
미처 채비 못한 야자수 화들짝 놀라 새파랗게 질려서

늦가을 제주에 내린 눈은
온통 시커멓다
한겨울에도 눈 없다 뻥치다 따귀에 한방 얻어맞고 멍들어서

늦가을 제주에 내린 눈은
온통 샛노랗다
아직은 차마 땅에 내려앉지 못하고 노란 감귤 뒤에 꼬옥꼭 숨어 있으니

-제주에 가을 눈이 오다니… (2009. 가을)

사람 장식품

기념식엔 늘
낯익은 유명 인사들
가지런히 무릎 위에 두 손 올리고
사진 모델 되어
축하 화환
일렬종대 줄 서듯
그렇게 일렬횡대
다소곳이 앉는다

유명인사란
기념식장 요긴한 사람 장식품
그래도
정치꾼에겐 얼굴 품 팔아 표 챙기는
기막힌 선거운동이지만
정치 모르는 순진한 인사들
오뉴월 뙤약볕 아래 화분 되어 지치니
줄줄 흐르는 땀방울이야 체면치레로 대충 참아도
무거운 눈꺼풀에 터지는 하품만은 고행의 체면조차
감당할 수 없다

산모의 고통보다 더 힘겨운 가식의 댓가

내일도
유명인사 겉치레는
비서 아가씨 일정 좇아
짐짝처럼 기사가 옮겨 주는 승용차에 실려
사람 장식품 줄 서려
옷매무새 다듬어야 한다

관용차에 대한 경례

청와대 비서관 때
대통령 외유 나가신다
비서진들 쭈욱 나래비 서 환송 나섰건만
정작
대통령 얼굴은 보지도 못한 채
꼭두각시 되어
승용차에 대고 넙죽 인사 드렸다네

세상에 우째
저런 못난 대통령 있냐고
한없이 투덜댔었는데…
이제 보니
그게 세상살이로세

관용차 얻어 탄 세월
승하차 때 받던 꾸벅꾸벅 인사
그게 날 반긴 건 줄 알았었네
세월 지나 어느 날
관용차 없이 혼자 걸으니

아는 척 하는 이 하나 없네
지난 세월 받은 인사 모둔
관용차에 대한 경례였네

아귀다툼 각박한 세상인심
따져 보니
모두 관용차 안 뺏기려
발버둥치는 몸부림

내 세상

붐비는 군중 틈에서
키 작은 나는
단 한번도
사람들을 위에서 내려다 본 적 없다
언제나
아래서 위로 쳐다보며
사람들의 밑동만 바라보고 살았다

그게 고작
내가 사는 내 세상이었다

그런데
어느 날
솟은 계단에 올라서서 군중들을 내려다보았다
사람들의 머리 꼭대기를 내려다보고선 화들짝 놀랐다
아저씨 속알머리가 훤하거나 여인네 젖가슴이 반쯤 보이는 건 좋았지만
내가 늘 보던 사람들의 아래턱이니 쌍꺼풀은 보이지 않았다

낯설고 신기한 세상
그건 내가 살아온 세상이 아니었다
그렇게 나는 남의 세상을
잠깐만
아주 잠깐만 구경했다
참 어색하고 불안했다
남의 눈 높이에서 본 세상에서 나는 행복을 찾을 수 없었다
내 세상은 내 눈 높이에서만 보이는 세상
그 세상에서만 나는 행복할 수 있다
아니
그 세상에서도 나는 언제나 한없이 행복하다

농사만큼 남는 장사 없다

땅은 사람 속여 먹지 않는다
씨앗은 더욱 사람 속여 먹지 않는다

서속씨 한 알은
수만 개 좁쌀 만들어 준다
참깨씨 한 알도
수백 개 참깨 거두게 해 준다
볍씨 한 톨은
수십 개 쌀알 가져다 준다
감씨 하나면
수백 개 감 따게 해 준다
썩뚝썩뚝 감자 하나
대충 쪼개 묻어도
수십 개 감자 캐게 해 준다

이리도 이문 큰 장사는
세상에 농사 밖에 없다
그런데도 농사꾼이 왜 못사는지 알 수 없다

그런데도 농사꾼이 왜 이리 푸대접 받아야 하는지 알 수 없다
각박한 세상이
농자천하지대본을
농자천하지말석으로
바꾸어 버렸다

얼마나 소중한 일인데
할 일 없으면 농사나 짓겠다고 한다
아무 할 일 없으면 마지막에 할 수 있는 일이
천덕꾸러기 농사일이여야 하는 딱한 세상

-김 교수님의 영농의미를 듣고

양평농장에서 얻은 글(2009. 봄)

대한민국아줌마 만만세

오늘 우리가 이만큼 잘 살게 된 건
오로지 대한민국아줌마 덕분

대한민국아줌마는
대한민국에 사는 아줌마를 말하는 보통명사 두 단어가 아닌
고유명사 한 단어 '대한민국아줌마'

남녀 모두는
남성호르몬 앤트로겐, 여성호르몬 에스트로겐 함께 갖고 살되
남성은 앤트로겐 더 많고
여성은 에스트로겐 더 많을 뿐
나이 들어가면서
남성은 앤트로겐 분비 더 줄고
여성은 에스트로겐 분비 더 줄어
남성은 여성처럼 여성은 남성처럼 돼 가는 건 과학 이치라
세계 인종 다 그러하지만

유독 대한민국 여성은
더 강하게, 더 빨리
그리 돼서
"대한민국아줌마" 만들어진다네
어떤 이는 약한 대한민국 탓에
강한 대한민국아줌마 만들어진다 하네
또 어떤 이는 약한 남성 탓에
더 강한 대한민국아줌마 생겨난다 하네

참 대단한 대한민국아줌마
자식 교육에 온몸 불사르고
가족 지키기엔 물불이 없다
사은품 하나 타려 애 업고 줄 서고
자신 하나쯤이야 언제든 통째로 버릴 줄 아는

그래서 대한민국아줌마 부대 동원하면 안 되는 일
천하에 아무것도 없다
정치인들 이 지혜 알면 당선은 따논 당상
그래서 대한민국은 아줌마 공화국

아줌마들 신명나는 굿판만 벌려주면
산도 옮기고
바다도 갈라
쓰시마도 우리 지도에 금방 넣을 수 있다

대한민국아줌마 만만세!

엘리베이터 잘라먹기

지하 3층 엘리베이터에서
15층 종착층 눌러
층 번호 바뀌며 올라가는 기쁨도 잠깐

1층에 멈춘다
들어오는 승객 황급히 3층 누른다
3층에서 내린 손님 교대한 승객
태연히 5층 버튼 누른다
5층 승객 내리고 대신 새 승객
다시 7층 누른다
7층 승객 다시 9층 승객으로 바뀌고
8층 승객 10층으로
9층 승객 11층으로
난도질당한 엘리베이터는 조각조각 토막 난 채
층마다 서기를 반복한다
제기랄,
엘리베이터 토막 잘라먹기로
오늘 하루도 멍든 채 시작해야 하나

못난이 발

우리 몸은
어느 것 하나 버릴 게 없다
눈 코 입 귀 손 발 목
한결같이
제 몫 못하는 놈 하나 없다
그런데 유독
발만은 왜 그리 푸대접 하나
발만큼 소중한 일 하는 놈 없는데도

하루에
만 보도 넘게 맨땅 짚어주고
어른 일만 명 한데 묶은 만큼 무거운 짐 들어 올려 주며
일 년 내내 걸어다 주는 발짝이 삼백만도 더 되는데

어찌 그뿐인가
어쩌다 발톱에 털끝만한 가시라도 하나 박혀 봐라
그게 얼마나 성 가시는지

그런데도 어째서
수건도 발수건 따로 챙겨 푸대접하고
냄새도 입 냄새는 눈감아 주면서 발 냄새는 구박하고
이불도 머리 쪽 발 쪽 바뀌면 재수 없다 하고
병원도 지저분한 대소변 맡는 비뇨기과는 따로 두어도
발 챙기는 병원은 따로 없다

설마
발이 우리 몸 맨 아랫꼭지 붙어 달려
계급 낮아 그리함은 아닐테지
허드렛일 도맡아 하면서도
발처럼 계급 하나 낮다고
홀대 받고 사는 이
없는지 모르겠다.
허드렛일 없인 귀한 일 빛날 수 없는데도

잡초

화단 다듬자고 잡초 매다가
매우 예쁜 잡초 하나
차마 뽑아내지 못한다
저리도 예쁜 데 왜 잡초라 불러
솎아 내야 하나

내 화단에선 키우고 싶지 않은 풀
커서는 안 되는 풀로 멍에 씌워
똑 부러진 이유 하나 없이 다만 잡초라 불러놓곤
아무리 예뻐도 뽑아 버리는 풀

잡초도 잡초화단에선 귀한 풀이려니
내 화단 차라리 잡초화단 만들까 보다
세상 잡초 모두 잘 살게

잡초는 인간이 붙여준 이름일 뿐
태어날 때 잡초로 태어난 건 아니다
잡초인생도 나름대론 소중한데

날 세우다 날 샌 인생

꼭두새벽부터 무딘 톱날 세우고
헐렁대는 낫자루 다잡고
해진 지게 손질로
한 짐 나무 그득 해 오자
집을 나서는데

아뿔싸
그만 날이 저물어 버렸네
날 세우다
날 새버린 내 인생

내 그럴 줄 알았더면
차라리 덜 세운 날이나마 달래
반 짐만이라도
미리 해 다 둘 걸

-퇴임 앞둔 완벽주의자 김 교수님의

학문적 성취에 대한 아쉬움을 들으며(2011. 여름)

쓰시마 한국전망대

부산서 백 리 남짓
일본보다 한국이 더 가까운 섬
불운의 고종임금
애처로운 따님 덕혜옹주 떠나보내며
해적무리 달래는 비운 품고
고집불통 최익현 못다 한 조국수호 원혼 담은
쓰시마

히다가쯔섬 끝자락 한국전망대 올라서면
우리 부산 갈매기 눈에 든다
우리 핸드폰 로밍 없이도 그냥 터진다

우리 땅이라 우기고 싶다
그걸 미리 알았을까
가미가제 무모한 애국심이
뒷산 공군기지에서
왼편 해군기지에서
코앞 육군기지에서
소름 돋구며 보초 서고 있다

우리 통신사 112명 고스란히 삼킨 대한해협 거친 파도는
오늘도
이백 년 한 품은 채
묵묵부답이다

-쓰시마 한국전망대에 서서(2009. 여름)

은행열매의 허무

은행열맨
늘
정력 감퇴 오명에 짓눌려
한번도 기를 펴 본 적 없다
징코민 약제로
피 맑게 해 준다는 광고에도 알아주는 이 하나 없다

그저
쫀득거리며 씹히는 고소한 맛에
천하제일 술안주감으론
대충 알아주지만
그것도
하루에 몇 알 이상 못 먹는단 경고 붙으니
여전히
푸대접 이상엔 아무것도 아니다

그런
은행열맬
진정으로 알아주려거든

한번,
어디 한번
첨부터 끝까지 수확해 봐라

변 냄새 지독한 바깥 살 짓이겨
어렵사리 은행 속 가려내도
열매는 알뜰히도 깊이 숨어 돌이 된 껍질 안에
미련 곰탱이처럼 박혀 있다
탄광촌 다이나마이트 구해 폭파시켜도
쉬 깨지 못할 껍질,
망치 아님 어림도 없다
몇 번이고 잘못 내리쳐 검지손가락 꺼멓게 멍들고 나서야
펜치로 눌러 까는 지혜 겨우 익힌다

그것도 아직은 끝이 아니다
속살 찾기는 여전히 갈 길 멀다
열여덟 소녀 연둣빛 볼살 살포시 감싼
연한 피부 벗기기는

난공불락 마지막 작업이다
농사일에 다 닳아버린 촌로의 짧은 손톱으론 어림도 없다
매니큐어에 담금질한 선술집 접대부 날카로운 손톱이라야
겨우 벗길 수 있다

이리도
어렵사리 챙겨낸 은행열맬
왜 그리도 푸대접하는 질 아는 이 많지 않다

세상 이치에
난관 무릎쓰고 이겨낸 모습이 아름답다고 하던가?
아니다
은행열맬 보면 도대체 아니다
그리도 어렵사리 술상에 올라온 은행열매가
저다지도 홀대 받는 걸 봐라
눈물 젖은 빵 먹어봐야 참 인생 안다는 말
도대체

믿지 못한다
도저히
믿을 수 없다

눈물에 콧물이 뒤범벅된 빵 허구한 날 먹고 살아도
여전히 먹는 빵마다 눈물이 젖어나는 건
인생 자체가 허무 이상 아무것도 아닌겔까
어느 세월에 내 쥐구멍에도 햇빛 들 날 올까?

-공주 이 교수님이 직접 수확해서 보내 준
은행열매 다듬으며(2006. 늦가을)

제 3 부

휴 지

딱 한 번 쓰고 나면
그걸로 간단히 용도폐기 되는
일회용품 휴지

요긴한 만큼
제몫 인정 못 받는 건
휴지로 태어난 이유 하나 뿐

딴 물건은 참 소중히 다루면서도
휴지는 그저 휴지라는 이유로
한 번 쓰곤 내버리며
아무 짝에도 쓸모없는 것으로 홀대 한다

아서라
화장실에 앉아 휴지 없는 땔 생각해 봐라
콧물 줄줄 흘리며 휴지 없는 땔 생각해 봐라
그래도 휴지가 일회용이라고 함부로 대할 수 있나

철망 엮기

인생은 철망 엮기

성근 철망은
비둘기 지나갈 만큼 큰 기회도
다 빠져 도망치지만
촘촘한 철망은
모기새끼 하나 지나갈 작은 기회조차 죄다 걸려드는 법
기회 오지 않는다 탓하느냐
그럴 기운 있거든
내 앞에 휑 뚫린 구멍 메꾸는
철망 엮기 작업 먼저 함이렷다

한자리

모두가 한자리 잡으려 아우성이다
누가 한자리 하면 축하 난이 문전성시를 이룬다
힘 있는 자리는 그래서 언제나 탐나는 것

사람의 한평생은 오로지 자리다툼장
힘 있는 자리 가면 축하 난 보내고
힘없는 자리 가면 연민만 보내다
하루해도 못가 까마득히 잊는다
정승자리보다 정승 집 개자리 그래서 더 높다

그러나 자리는 그저 잠시 빌려 머무는 곳일 뿐
자리가 전화 돌리게 하고
자리가 면담 요청으로 줄 세우고
자리가 식사 약속 수첩 가득 채우고
자리가 존귀한 사람으로 착각하게 하지만,
그 자리 떠나면 부속물 통째로 싣고 새 주인에게 옮겨 가 버린다
그러니 자리 떠나거든 빳빳해진 목도 미련 속에 접어 떠나오거라

사무실 창가에 남아 있는 숨자국조차 창을 열고 던지고 오거라
소파 속 벼룩조차 함께 데려 오거라
그리고는 절대로 그 자리 향해 고개조차 돌리지 마라
자리에 기생한 부속품 모두 깔끔히 정돈 못하면
절망하고, 분통하고, 원망하고, 후회하고
인생 탓하고 사람 탓하고 의리 덜 먹이다가
급기야는 묻어 온 벼룩 가슴 속에 키우고 만다

세상사 다 그런 거
본시 자리란 앞사람 뒷사람 차례로 나눠 갖는 것
내가 가진 자리란 다만 내가 먼저 와서 앉은 것
뒤에 선 사람 오래 기다리게 하지 말고
얼른 비켜주어야
정말 내 자리 얼른 구할 수 있다

젖소는 소도 아니네

젖소는 자기 배만큼이나
크고도 무거운
젖통을 힘겨이 매달고 살아가네

머리 있고
눈 있고
코 있고
다리 있어
어디 하나 모자란 게 없는
그저 평범한 소일뿐인데
사람들은 왜 젖통만 안쓰러이 달고 사는
소가 아닌 젖소로만 봐 줄까

젖통만 잘 채우면 그게 우량 젖소이니

여물 먹고
물 마시고
거품 품어 내뿜는 한숨조차도
모두가

오로지 젖 키우는 일일 뿐
젖소는 소도 아니네
젖소는 소가 아니네
젖통 하나 매달고 힘겨이 살아가는
허망한 우유 제조기라네

바싹 마른 볏짚단 수백 번 천착하고
한 모금 물조차 들이쉬는 숨소리로 간 맞추며
하루에도 몇 번씩 쥐어짜내도
행여라도 우윳결 흠 가지 않게
애처로이 살아가는 우리네 젖소들

그 숱한 인고의 나날도
한가로이 언덕을 거니며 살찌우는 한우에는
도대체 비할 바 없는
그저 허망한 젖소일 뿐이네
그래도 괜찮다네
제 값 못 받고 살아가는 건
우리 젖소 하나면 된다네

묵묵히 숨어 살며 남에게 해코지 하나 못하고
오로지 세상에 덕 되는 일만 하는
젖소 같은 사람 있거들랑
그 사람 그저 사람이라고만 불러주면 좋겠네
우릴 보고 소라 부르지 않고
젖소라만 부르듯…

-중앙대 안성부속농장 젖소를 보면서(2008. 봄)

전철 스케치

출근길 전철은
사내들 바짓날 서슬 퍼렇게 세우고
아낙들 속눈썹 하늘 높이 치켜세워
그까짓 하루쯤이야
통째로 삼킬 기세로 냅다 달린다

퇴근길 전철은
상사 잔소리에 짓눌린 사내들 바짓날 파김치로 내려앉고
아낙들 속눈썹 벌레 먹은 사과로 주저앉아
이놈의 긴 하루
왜 이리 고달픈지 한숨소리조차 김빠진 맥주거품처럼 내려앉는다

창 밖 너머 역 의자엔
지친 여인네가 하늘 향해 벌린 입에서 뿜어져 나오는 뜨거운 하품바람에
눈꺼풀 겨우 세워 힘겨이 읽고 있는 사내의 석간신문이 떨고 있다.

집에 가서 애나 봐라

국회의원 제대로 못하면
"집에 가서 애나 봐라"

나, 원 참

애들이 이 소리 듣고 얼마나 기가 찰까
애 보기 얼마나 힘든 줄 모르는 한심한 것들

신세대 어미들 맞벌이 한답시고
친정으로 시댁으로
애 안고 나타나면
질겁하고 도망가는 부모네들
욕하고 탓할 일 아니지

언제 한번 애 안고
반나절만 놀아봐라
감히
의원님 나리들께
애 보라 시킬 엄두 나나

차라리 커가는 애들 망치지 않게
망가진 그들만 여의도서 싸우게
내버려 두는 게 애국일지니

-몸싸움 국회 보면서(2008)

착한 마음씨앗

세상엔 씨앗도 참 많다
꽃씨앗, 물씨앗, 별씨앗, 마음씨앗

민들레 한 송이 날아
하나가 열 되고
열이 백 되고
백이 천 되고
한 해 가고 두 해 가면 수천 송이 꽃 피운다

물씨도 도토리 잎사귀에 뿌려지면
실개천으로 키워져
개울 되고 강 되어
마침낸 큰 바다 이룬다

별씨도 이른 새벽 꽃잎 위에 뿌려지면
아침 이슬 말리고
꽃가루 키워 내어
작열하는 정오 뙤약볕에 열매 맺어준다

착한 마음씨도 이웃집에 뿌려지면
건너 마을 퍼져가고
큰 마실 지나 읍네 장터로 흩뿌려져
온 세상 가득
착한 마음으로 채울 수 있을테다

참 바쁜 한국인

코트랑 양복 따로 벗지 않고
한방에 벗어재껴 겹쳐 걸고
넥타이 매듭 다시 짓기 싫어
목줄만 쪼옥 늘려 걸었다가
목만 쏘옥 집어넣어 다시 챙겨 매는

알사탕 한방에 깨물어 먹고
뜨거운 설렁탕 한숨에 들이켜 삼키는

한국의 어른들 보며 자란 우리 아이들
문간에 뛰어 들자 발 털며
선 채로 신발 벗어 던진다

한번도
단 한번도
두 다리 쭉 뻗고 편히 자 본 적 없는 우리네 역사
왜구에 몽고족에 거란족에 수없이 쫓겨 다니느라
짐 한번 편히 풀어
차분히 짐 정리 못해 본 탓일까

언제나 조바심에 새우잠이다

우리 한국사람
어른도
아이도
모두모두
참 바쁘다 바빠

치통

치과 갔더니
치아 손상 심하다
대수롭지 않게
신경치료 하라네
치아에 구멍 뚫고
숨어 사는 신경조직 들어내는 간단한 작업이라네
고상한 말로는 간단히 신경치료라 부른다네

그런데
신경작동 막자고 감각세포 도려내는 대수술 아닌가
살아 있는 세포
일일이 찾아 모조리 죽여 버리는 무지막지한 처사
살아 있는 세포 다 죽인 뒤
죽은 치아 달고 살라는 것
죽어야 사는 게 세상 이치라더니
치통치료도 그런가 보이
신경 없이 매달려 살아가는 치아 생각하면
쉬이 마음 내키지 않지만
뿌리 깊숙이 붙잡고 흔들어

온몸에 사무치게 퍼지는 고약한 치통 없이 살아가려니
아까워도 신경은 잘라내야 하네

가슴 아픈 신경절제술
달리 무슨 뾰족한 수가 없네
치과는 사즉생의 표본실이네

한국 사람은 얼굴과 똥구멍에만 병이 많다?

길 가던 코쟁이
가갸거겨
겨우 배워
드듬드듬
싸레기 반말

"여보세요,
성히영오이과가 뭐하는 곳이니?"

"얼굴에 생긴 병 고치는 병원이지요"

"그럼 또
다이히앙병원은 뭐니?"

"그건 항문을 치료하는 병원이지요"

"아하, 그렇군요!
그럼
한국 사람은 얼굴과 똥구멍에만 병이 많군요.

거리마다 이 두 병원만 즐비한 걸 보니…"

주) "성히영오이과"는 "성형외과", "다이히잉병원"은 "대항병원"의 서툰 발음임.

-중요하고 절실한 질병치료보다도 돈 잘버는 성형외과나 대장항문과가 더 인기있다는 오늘의 한국 의료계 실태를 안타까워 하는 수술명의 박 원장님 뵙고 나서(2008. 여름)

인생마디

꽃에는 마디꽃
풀에는 마디풀
나무엔 나무마디
손에는 손마디
다리엔 무릎마디
소리엔 소리마디
말에도 말마디

마디마디 이어주는 연결고리는
없어서는 아니 될 사이마디들
허리마디 이어주는 허리디스크
옴짝달싹 못한 채 등지고 누워서야
비로소 디스크 귀한 줄 안다

우리네 인생도 마디투성이
인생마디는
인생길 고비마다 숨어 산다

유년마디
초년마디
중년마디
노년마디

한 마디 두 마디 지나는 고비마다
인생마디 잘 섬겨야
허리 곧추세우고
구부러진 인생길 편히 갈 수 있을 터

팔자 도둑은 원님도 못하네

세상사란 뜻대로만 되는 게 아니지
인생 고스톱 판에선 운칠기삼 아니라
운십기영 더 맞다네
빠른 손놀림 아니라 굴뚝 끼고 앉아야
돈 따는 법이라지

세상에 남의 팔자 뺏을 사람 어디 있으랴
인생이란 악 쓰며 스스로 살아가는 게 아니라
팔자에 얹혀 그저 그렇게 살아지는 건가
그걸 우리는 팔자소관이라 하던가

그렇구려 악착스레 발버둥 쳐봤자
팔자이길 자 그리 많지 않다네
태어날 때 서산에 까막까치 울었으면
그 운명 어찌 인력으로 막을 수 있나
원님도 남의 팔자 도둑질은 못한다니!

-관상학자 조 교수님 사주팔자 풀이 듣고 나서(2008. 봄)

제 4 부

버림의 미학

가진 걸 버린단 게
죽기보다 힘든 업본가

물 잔 가득하면 어찌 더 담나
비워야 채울 자리 생기지

먼저 버려야
새로 얻을 자리 있음을
뻔히 알고도 못하네

이삿짐 보따리
버릴 것조차 바리바리 실어와
새집 정리할 때야 버리고
세탁 전 옷가지 미리 못 버려
빨아서 버리는 맹추

이사 든 집 쓰레기
이사 난 집 쓰레기보다 더 많고
세탁 후 버리는 옷가지가

세탁 전 옷가지보다 더 많은
질긴 집착
버림의 미학이 가위눌린 채 힘겨이 매달려 있다

죽으면 어차피 다 버릴 일
집착조차 죽기 전엔 꼭 버리고 가얄텐데…

혼자서도 밥 먹을 줄 알아야

십 년 넘게 교수 직분 잊고 살았네
가르쳐서 행복하고 연구해서 기쁜
이 자유분방한 천하제일 교수 직분
한참을 잊고 살았네

오랫만에 돌아온 강의실
초롱초롱 학생들 눈빛에 빠져 가고 있네
수업이 기다려져 조바심 나고
끝나는 시간 안타까워 애석해 하며
강의실 문 나서는 설렘을 이제서야 찾았네
돌고 돌아 십 년 만에…

잊었다 돌아온 연구실
먼지 묻은 책 다시 펴며 한 줄 글도 귀한 줄 알아가고 있네
거꾸로 꽂힌 책 바로 세우며
하던 일 챙기다 함께 갈 밥 친구 다 놓치고 나면
홀로 간 식당 너무도 쑥스러워
죄지은 사람처럼 고개 들지 못한다네

묘책이다 무릎치며
빵 사 먹고
김밥 사 나르고, 컵라면 끓이고
짜장면 배달도 시켜 보지만,
그래도 천하제일은 구내식당일세

그래서 오늘도 식사 친구 다 놓친 채
온갖 눈길 다 피하며
용기 내어 홀로 식당 갔었네
식당 가서 참 좋은 벗 하나 만났네
역사 공부하는 육 교수가 큰 교훈 주었네

남 눈치 상관 않고 혼자서도 밥 먹을 줄 알아야 진짜 교수라는.

어떤 쇼핑

여주 아울렛 매장
구둣가게 총각

아내 코트에 묻은 먼지 테이프로 정성들여 닦아주고
내 낡은 싸구려 구두 참 좋은 구두라 칭찬하곤
손수 구두약 발라 닦아 주는
넉넉한 인심

씀씀이 헤픈 나는야 물론
짠순이 아내조차 넘어가
우린
그냥
구두 세 켤레 단숨에 샀네

집에 와 풀어보니
정직하고 성실한 그 총각
구두 속에 환히 웃고 서 있네

덤눈

내 눈이
덤으로 손가락 끝에 하나 더 매달려 있었음 좋았겠다
붙박이 두 눈으론 못 볼 세상 구석구석 볼 수 있게
나 혼자 잘 났다고 뻐기고 사는 삐뚤어진 맘씨 아닌

내 눈이
덤으로 하나는 아무 데나 붙일 수 있었음 좋았겠다
욕탕 천장에 걸어 발가벗은 내 모습 볼 수 있게
가식으로 분칠해 찌들어진 세상 속 내 모습 아닌

내 눈이
덤으로 빌려 줄 수 있게 하나만 더 있었음 좋겠다
착한 친구 미간에 걸어 착한 맘씨 담아 날 볼 수 있게
내 잇속만 먼저 챙기는 고얀 내 맘씨 아닌

고속도로 공사장 까치

어제까지도 잘 살았지,
어미 아비 자식 모여 사는 우리네 단칸집은
아직
우리 식구 엉덩이로 데워져
온김이 남아 있어
차마 떨칠 수 없다

내일 가고 모레
우리네 단칸 집 이고 서 있던 미루나무는
기둥 밑동부터 천둥에 넘어지듯
뿌리 채 뽑혀
우리네 단칸집 매달은 채
어디론가 실려 가고 없을 게다
그래,
우리네 가슴엔 송이송이 멍이 열리고
너희는 그 멍송이 올라 딛고
함성 치며 고속도로 개통을 기뻐하겠지
우리네 아랫목이야 어차피 너희의 걱정꺼리조차 못되
는 걸,

4차선에서 6차선, 또 8차선, 10차선으로
차선이 늘어 너희의 가슴은 기쁨앓이 한다
우리네 가슴은 살을 에며 슬픔앓이 해도,

그래
기쁨은 너희의 축복이고
슬픔은 우리네 멍에인 것을

언제이던가,
두 나래에 우리는 행복을 노래했고
너희의 아둔한 걸음마에
마냥 코웃음 칠 때까진
천지개벽이 무언지 몰랐지
땅을 밟고 걷는 그 무엇이
감히
우리네 나랫짓 앞질러 훠이훠이 내달을 줄이야!

아직은
우리네 엉덩이 온김이 서려 있는 아랫목 자리

이젠 그게 너희 개발의 몫
우리네 언 가슴 따위야
너희네 기쁨앓이 잔칫상에 흔쾌히 올려주마
그래도
지난 억겁을
너희와 인연하며 함께 살아온 것만으로도
아직은
우리네 기쁨으로도 남겨두마.

-경부고속도로 지나다 까치집 채 넘어진
벌목현장 보면서(1992. 봄)

다비타의 집

좋은 일에 쓰겠다 상품권 모은 지 오래
그리도 미루다 이제서야 겨우
화장지에 비누에
쌀포대 메고
'다비타의 집'에 왔다
자폐증 환자들 모여 사는 산중턱 작은 집

어른 아이가
아이 어른 틈에 뒤섞인 사람 넝쿨
잘도 생긴 저들이 어쩌다
말문 막히고
귀문 막혀
서른 나이에
일곱 살 아이 크레파스 놀이하고
일곱 살 아이가
마흔 어른 흉내 내고 살아야 하나

조물주는
무슨 원죄 그리 커

저리도 질척대는 힘겨운 인생에
자폐증 죄명 올가미 덮어 씌웠나
귀한 자식 손 뿌리치며 여기다 버려야 했던 엄마는
오늘도
저만큼 먼발치에 숨어
속죄의 피눈물로 말라버린 가슴 찢고 서 있다
그래, 내 사랑하는 아이야
내가 죄인이다, 내가 죽일 년이다
나를 용서치 마라, 절대로 용서치 마라

초록색에 갇힌 아이는
초록색 크레용만으로 그림을 그리고
동영상에 갇힌 아이는
종일 텔레비전만 보며 히죽댄다
어른 몸이 유아용 만화영화에 취해 있는 저들에겐
날마다 다른 세상조차 새로울 게 하나 없다
세월은 지금 이 시간에 묶어 두고
계절은 늘 하나뿐이고
장난감도 오로지 한가지뿐이다

외눈에
외귀에
외다리로
외길 인생살이

가슴이 미어져 숨을 쉴 수 없다
내가 도망칠 곳이 없다
괜히 왔나보다
아니지, 아니야
어쩌면 그 길이
두 눈으로 보고
두 귀로 듣고
두 다리로 걷는
두 길 인생보다
더 아름답고 행복할 지도 모르지
그래, 이 번잡스런 세상일 모두
좋은 것만 취하고
나쁜 건 모두 버릴 수 있으니…

늙은이 여유

세월 이길 장사 어딨나
그리도 오랫동안 부려먹은 몸뚱아리
여기저기 쑤신다 탓하지 마라
신문일랑 아예 제목만 보지
깨알 같은 사설 안 보인다
돋보기 찾으며 짜증내지 마라

그저 보이는 것만 보고
보이는 세상만큼만 맞춰 살지
작은 글씨 읽는 건 청년 몫이려니
제목만 읽고 짐작 못 하면
그들에게 뜻 물어라
그게 바로 젊은이, 늙은이
함께 사는 상생의 이치다

그러니 여유로 관용으로
숲만 보고 까이꺼 대충만 알지
꼬치꼬치 나무 이름 캐묻지 마라

행복 연습

언제부털까
내 이름
그들 수첩에서 지워지기 시작하는 때가

언제부털까
내 얼굴
그들 뇌리에서 지워지기 시작하는 때가

언제부털까
내 전화벨
그들 손가락으로 안 누르기 시작하는 때가

그땔 위해
난 오늘 수첩정리 시작한다
행복 연습 시작한다

응, 아닸어!

횡단보도 건너 저편
아이스크림 손에 든 노부부 실갱이

"여보오오오~
그 좀 똑바로 잡아봐
아이스크림 다 녹아 옷에 묻잖아요!"
"아니 안 되는 걸 어떡해!"
"노력도 안 하면서 뭘?"
"응, 아닸어!"

마비된 한쪽 손에 힘겨이 아이스크림 받쳐 들 때
신호등은 바뀌고
"빨리 걸어야 돼?"
"응, 아닸어!"

총총 걸음으로 아내는 이미 횡단보도 다 건너도
절름대는 남편 다린 여전히 한가운데서 뒤뚱댄다

"여보오오오오오오~ ~ ~ ~
신호등 바뀌잖아, 빨리 건너와!"
"응, 아댔어!
나, 원 참
횡단보도가 이리 먼 줄 미처 몰랐네,
젊어 건강할 땐…"

기특하게도 잘 건너온 남편 입가 흘러내린 아이스크림 자국
정성스레 닦아주는 아내 눈에
안쓰런 눈물 아이스크림되어 녹아 흐른다
"그래 여보, 잘 했어,
다음 번 신호등 건널 땐 우리 쬐끔만 더 빨리 걸어봐요, 응?"
"응, 아댔어,
아댔다고!"

주)"아댔어"는 발음이 서툰 중풍환자의 "알았어"임

-중풍 남편 횡단보도 건너길 기다리는 아내 보면서

(2011. 여름)

정우 스님

중이 제 머리 깎다가
아차 하는 잡념에 그만
정수리 한가운데 덜커덩
칼자국 남긴 채
헐레벌떡 가쁜 숨 몰아쉬고 달려와
아수라 세상 군상들 앞에 상석 양보하고
저는 방석도 없는 방바닥에 덜커덕
공손히도 앉았다
귀한 손님맞이하려
뜻은 부처님 머리 위에 세우되
몸은 행자승 발끝에 두고자 하는

도량 깊은 스님 한 분

야단(野壇) 가득 메운 벌떼 같은 신도 무리
가지런히 법석(法席)으로 나래비 서면
삼백만 불자 모인
영취산 석가모니 법화경 설법에 못지않을 법력에도

영락없는 촌로 행색으로 앉은 형국 보니
보리살타 생불이 따로 없구나

활짝 열린 이마
두툼한 부처님 볼
부리부리 독수리 눈매
법복자락 깊숙이 자비심 묻은 채
호랑이 포효도
염화시중 미소도
함께 안아 품은
영락없는 수보리 생불이로다

객지 세수 23년
양재동 구룡사
일산 여래사 법당 안에
극단 세워 '신시'라 이름하고
뮤지컬 '맘마미아' 올려
세상을 흔들었던 기이한 보시행은

이판도 사판도 한손에 쥐어 잡은 생불의 혜안에서
비롯했던가
큰 스님 월하 문중 지키려고
때늦은 통도사 주지 추대 마다 못해
수만 신도 살림 챙기느라
불철주야 공사현장 불쑥불쑥 출몰하니
어제 산 새 고무신 한 달이나 견딜까

사판세상에 이판세상 세우고
이승 속에 저승 세워
세상지옥 하늘천당으로 세워가는
그는 기나긴 석가모니 월력 태워
귀하게 받은 사리(舍利)
아뇩다라삼먁삼보리 생불이구나

-여름 통도사 방문하여 정우.스님 뵙고 나서(2007)

개님들의 충고

세상에,
우리가 전생에
무슨 죄 그리 많이 지었소?

무섭다 우릴 묶어 집 지키라 야단치고
이쁘다 안아 끼고 호들갑 법석 떨고
통통한 누렁이 동구 밖 다리에 매달아
맛들 때까지 두들겨 패 삶아 먹는 호사누리면서도
우리 아들은 개자식
우리 딸도 개자식이라니
격조 높은 당신네들
개아드님(犬子), 개따님(犬息)이라 부르진 못해도
개아들, 개딸쯤으로라도 불러 주는
최소한의 예의 하나쯤은 지켜줄 수 없소?

당신네 자식 못난 건
당신네 부모 탓이거늘
고얀 짓만 하라치면
못난 우리 자식인양

개자식이라 불러대고
화가 나도 개자식
나쁜 놈도 개자식
짜증나도 개자식
도대체
우리가 언제 당신네 자식 키운 적 있소
그러다 화 더 나면 아예 개새끼라 부르지만
적어도
우린 당신네처럼 개새끼 같은 그런 새끼는 안 키우고 산다우

어디 그 뿐인가요
우리 코는 냄새 잘 맡는 게 제일이거늘
당신네 못난이들 엮어 모두 개코같다 몰아세웠지
언제 한번 말코 같다 소코 같다 부른 적 있소
우리 코가 말코나 소코보다 훨씬 나은 걸 뻔히 알면서도

떡은 모두 그저 떡이련만

당신네가 맛없이 빚어 놓고도
그걸 개떡이라 부르고
거기에 한술 더 떠
몹쓸 놈조차 개떡같은 놈이라 이르니
도대체
우리가 언제 우리 이름 붙인 떡 만들어 달라 했소
우린 그저
당신네들 먹다 남은 밥풀때기 겨우 얻어먹고 살아도
언제 한번 집 제대로 못 지킨 적 봤소
집이라고 해 봤자
기껏 판자때기 주워다 덜렁 붙인 상자에
출입구 하나 딸랑 뚫어
비바람 겨우 피하게 해 주곤
그걸 호화빌라인 척 재고 다니는 당신네들에게
그래도
주인양반 위로한답시고 꼬리치며 아양 떨어 주건만
심사 뒤틀리기만 하면
불난 집 부채질한다 앞발로 걷어차고
분위기 맞추려 조용히 앉아 있으면

멍청한 개새끼라 뒷발로 걷어차고

멀쩡한 밥에 괜히 도토리 섞어 놓고는
개밥에 도토리라 빈정대고
하찮고 천하면 무조건 개똥으로 시작해서
개똥참외, 개똥버섯, 개살구라 이름하고
그래도 거기까지는 참으련만,
그리도 귀하고 날렵한 새조차 개똥지바퀴라 부르고
어둠 속 밝혀주는 천하의 아름다운 불빛조차 개똥벌레라 이르니

도대체 우리가 전생에 무슨 죄 그리 많아
당신네 세상 속에서
개다운 개로 살지 못하고
사람다운 개로 살라고 옥죈단 말이오

우리도 우리 세상에서는 귀한 인생들이니
당신네 세상 속에 가두어 우리를 내려 보지 마시구려
우리에겐 개 같은 놈이 정말 멋진 개고

개보다 못한 놈은 아예 있지도 않다오
그러니
당신네가 말하는
개 같은 놈이나
개보다 못한 놈은
우리와는 아무 상관 없다오.
우리에겐 개자식도 사랑스런 우리 자식이요
개새끼도 천금같은 우리 새끼며,
개코는 우리 소중한 코고,
개떡은 우리 귀한 떡이며,
개똥은 우리도 늘 싸야하는 똥이고,
개똥지바퀴는 마냥 귀여운 지바퀴 새며,
개똥벌레는 눈부시게 반짝대는 반딧불이요,
개똥참외는 달디단 야생 참외일지니
우리 세상에 당신네 눈 박아두지 않을 순 없나요
우리 세상을 우리 눈으로 살게 할 수 없나요

이 개 같은 하소연조차
거짓 세상 진실되게 살자는

소박한 개님들의 충고이지
개놈들의 애원이 아닐지니
우린 다만 당신네 사람들이
자기네 잇속만 챙기려 욕심 가득한 눈으로만
우릴 보지 않고
개자식 사람자식
개새끼 사람새끼
할 일 나눈 뒤
이 무거운 지구 짊어지고 걸어가는 힘겨운 인생
손잡고 나란히 함께 걸어가잘 따름이라오

십 원짜리 동전

990원어치 사고
천 원짜리 하나 내주고 받아 든
거스름돈 10원짜리 동전 한 닢

돈은 돈이라
차마
버릴 수 없네

늘 버림받고 살아도
십만 원짜리 물건 10원 모자라도 살 수 있나
10원짜리 동전조차 귀한 줄 알아야 하네
1원짜리 동전이 열 개나 되는
그 귀한 10원짜리 동전을

제 5 부

어떤 골프 대회

여기 육백 년 묵은 골프 발상지
스코틀랜드 세인트 앤드류 골프장
세계만방 내로라 골퍼들 한데 모였다
헌데 참 희한하다
신사의 나라에 왔으니 모두가 신사 돼선가
수백 명 군중이면 야단법석 수다로 왁자지껄 해얄 터
그저 옹기종기 무리지어
난무하는 손사래만 이리저리 허공을 가를 뿐
인기척 하나 없이 침묵만 괴괴하다
신기하다 못해 이젠 차라리 무섭다
저 쥐죽은 듯 깊은 고요를 밀치고
난무하는 손짓까지…….
처녀귀신 앞에 무릎 꿇은 새가슴 공포로
나는 쪼그라든 가슴 꽁꽁 묶어 쥐구멍을 찾는다

휴~ 그러면 그렇지
저들 모둔 수화로 통하는 신사숙녀들
세계농아골프대회 참가자들
너도나도 벙어리 냉가슴 따윈 없단

저 달덩이 같은 희망의 웃음꽃
그래, 저 벙어리 함박웃음
골프공 위에 뒹굴어 반짝여야
그게 선진국일 게다
가슴에 달린 명찰엔
영국, 스웨덴, 미국, 호주, 남아공, 일본
우리 대한민국은 없다

농아라 설움 받지 아니하고
맹인이라 홀대 받지 아니하고
절름발이라 손가락질 받지 아니하고
모두모두 가슴 열고 어우러져 오순도순 살아가는
병든 우리네 깊은 마음속 비뚤어진 장막
걷어내 버린 세상
장애인이 아닌, 다만 불편인으로 살아가도 되는 세상

다 듣고, 다 보고, 다 뛰진 못해도
그저 좀 불편할 뿐이란 생각 하나로
저 행복한 사람들

모진 세월의 풍상이 할퀴고 지나갔을
앞이마 깊은 주름 고랑 속에조차
염화시중 환한 미소만 가득히 연꽃 되어 피었구나
작렬하는 스코틀랜드 팔월 햇살이
저들의 볼따귀를 검게 태워
장작불에서 갓 구워
하얀 이빨만 덜렁 내놓고 웃게
군감자로 구워냈구나

그렇지, 그래야지
이젠 장애인 아닌 불편인이라 해야지
약간만, 아주 약간만 더 불편할 뿐
세상엔 누구나 듣보고 말하고 뛰는 게 다르지 않나
다만 덜 듣고, 덜 말하고, 덜 보고, 덜 뛸 뿐이라 하자
그만큼, 적어도 그만큼만은
딴 걸 더 잘할 수 있잖나
분명
저들의 가슴은 한 뼘 채 못 되는 나보단 더 클 게다
가슴 구석마다 알알이 행복이 영글어 있어

더 큰 웃음 만들 수 있을 게다

입만 살아 말로만 선진국이라는 정치꾼의 나라
더불어 잘 살자는 나라
그런 나라는 이 세상 어디에도 없다
다만
저렇게 농아들이 골프장에서 파안대소할 수 있는 나라
그런 나라 하나면 족하다

여기 세인트 앤드류 골프장에
우리네 벙어리 골퍼들
함박웃음에 손뼉 치며
태극기 높이 세워 입장하는 날은 언제쯤일까?

-세인트 앤드류 골프장 세계농아골프대회 참관하고(2010. 8.)

런던 포그(London Fog)

밤안개로 둘러쳐진 런던의 밤은
엄마 가슴처럼 한없이 포근하다
어미닭 아래 가슴 솜털 속에서만 묻어나는
부화 앞둔 병아리의 안락이다

런던의 밤안개가 쌓아올린 벽 안은
독방 감옥 벽에 어른거리는 사랑하는 사람 미소되어 외롭다
어깨 내밀어 줄 친구 하나 없이 홀로 갇혀
방구석에 어지러이 구겨져 내팽개친 휴지의 무관심한 고독이다

런던의 밤안개는
스산한 공동묘지 밤 언덕 텐트 안 공기처럼 오싹하다
함량미달 가로등 어슴푸레한 불빛이 살기마저 돋우어
몽달귀신 처녀귀신 업고 게슴츠레 쪽눈 뜬 채 다가서는 공포다

안락하다 이내 고독하고
종국에는 공포에 떨지만
아무도 보지 않고
아무도 말 걸지 않고
아무도 간섭하지 않는
오로지 혼자만의 세상 속 또 다른 세상을 엮어가는 순간이다

이 자욱한 런던 포그가
병풍 되어 둘러쳐 만든
밤안개 장막 속에
홀로 앉은 나
어쩜, 그게 참 나일 게다

런던에 머무는 밤 내내
안개로 자욱이 덥혔으면 좋으련…

-안개 자욱한 런던의 어느날 밤(2010. 10)

텅 빈 버스전용차선

런던 버스전용차선엔
승용차가 없다
못 가는 걸까?
안 가는 걸까?

런더너들 참 순진무구하다
정부정책 호응 이리 높으니
참 선진국이다
버스전용차선엔 버스만 다닌다
승용차는 없다
역시 신사의 나라다

정말 그럴까
일단 들어가면 뜨거운 맛본다
120파운드 벌금이다
우리 돈 20만 원 넘는 거금
물론 2주 내 자진납부면 절반 할인이라지만…

아서라
세상에 신사나라 어디 따로 있나
런던 버스전용차선 텅 비어 있음은
승용차 안 가서가 아니라
못 가서로구나

강이 휘어져 느리게 흐르는 이유

강은
황급히 서두르지 아니하고
느릿느릿 천천히 흐른다
그래야 강이다

강은
곧게 쭉 뻗지 아니하고
꾸불꾸불 휘어져 흐른다
그래야 강이다

느리게 흘러야
강 너머 구경꾼들 더 오래 보여줄 수 있고
휘어져 흘러야
더부살이 기생물 더 많이 챙겨 먹일 수 있어서

-휘어진 템즈강 상류에서(2010. 봄)

바람 심한 런던 밤하늘

런던 밤하늘엔
별들이 살아서 뛰어다닌다

북극성은 앞서서 달리고
매달린 북두 일곱이 힘차게 줄맞춰 뒤를 따른다
구경하던 삼태성도 뒤질세라 덩달아 뛰어간다

오늘 같이 바람 심한 런던 밤하늘엔
별들 모두 살아서 쏜살같이 내닿는다

그렇구나
런던 밤하늘엔 별들도 살아서 뛰어다니나 보다
별 아래 구름이
뛰어가는 게 아니라

-바람 심한 런던 밤하늘 쳐다보면서(2010. 여름)

비둘기 발자국

야외 탁자 위에
밤새도록
포동포동 송아지 엉덩이 살처럼 보드라운 눈이
소복이 고여 앉았다

저 하얀 시루떡 쌀가루 위를
온 데도 간 데도 없는
발자국 네 개
달랑 찍혀 얹혔다

한 마리 비둘기 찰나에 적고 달아난 역사책
그리곤 이내 덧내리는 눈에 덮여 사라질 역사
영겁 세월 속
우리네 인생도
저 비둘기 발자국 찍는 찰나인 걸

한 걸음 겨우 옮기다 만 비둘기 발자국만큼도
더 못살 날들조차
수만 년 살 거란 착각으로
순식간에 뒤따를 눈에 묻히고
햇살에 이내 녹아버릴 비둘기 발자국 운명조차
악착스레 붙잡으려는 우리네 발버둥

-런던의 눈 내린 아침, 정원 탁자 위에
찍힌 비둘기 발자국 바라보면서(2010. 겨울)

별이 쏟아지는 데본의 밤

별이 쏟아진단 말
함부로 하지 마라
데본의 밤하늘 아래서 야영해 본 적 없거든

은하수가 뭔지
대수로이 말하지 마라
데본의 밤하늘에 촘촘히 박힌 은하수 보기 전까지는

밤마다 빛나는 수많은 별 중
우리가 아는 북두칠성, 북극성, 삼태성, 오리온
그런 별만 별인 줄 알았다면
그건
별다운 별 제대로 못 본 무식쟁이다

저리 많은 별 석류알로 빼곡히 박혀
쏟아내는 별빛더미 무서워
북극성도 아예 숨어버렸다
그래서 데본의 밤하늘엔
북극성이 없다

모두모두 북극성 되어 매달려 있다

너무 밝고
너무 크고
너무 가까워
도저히 쳐다 볼 수 없다
당장이라도 천둥치며 쏟아져 내릴 것 같아
아예 눈을 감았다
무섭다
텐트로 도망쳐 숨어들어도
여전히 몸은 떨고 있다

흐드러지게 널려 매달린
저 하늘의 또 다른 지구들이 무섭다

-*데본(Devon)은 잉글랜드 남서부 농촌지역임.

-김지호, 김용훈 부부와 함께 야영하면서(2010. 가을)

눈부림

을씨년스런 런던의 초겨울
눈이 거슬러 오르고 있다
내려야 할 눈이
요동치는 바람에 얹혀 앉아
하늘로 치솟아 뛰어 오른다

그러다 힘겨우면
가끔씩 내려앉으려 잔꾀를 부리지만
그만
오르는 눈에 치받아져 엉켜
차마
땅바닥엔 내려앉지 못한 채 눈보라로 휘몰아든다
땅에 닿은 순간
이내 녹아야 한다는 걸 알기라도 하는 걸까
안간힘으로 가장 오래 공중에 머물러 있으려는
저 처절한 눈의 몸부림

제대로 오르진 못해도
내리면 바로 녹아 버릴 운명을 거슬러
내려앉지 않으려 발버둥치는 애처로운 저 분투
그건
애처로운 마지막 발악이 쏟아내는
한 많은 눈의 몸짓사위 눈부림이다
차마 놓아버릴 수 없는 일상에 매달려
온몸을 흔들고 부딪치며 살아가는
우리네 몸부림에 다름 아닌

킹스웨이 단상

마로니에 오각닢 어지러이 나뒹구는
늦가을 런던의 깊어진 오후
갈 길 바쁜 여행객들 어깨 너머로
네 시면 넘어가 버리는 마지막 햇살줄기가
안간힘으로 스산한 바람에 매달려 있다
호텔 출발하던 이른 아침
게걸스레 찍어둔 지도 좌표
모둘 다 돌아보기엔 턱없이 짧은 하루 해
늦가을 바람막이 바바리 호주머니에 푹 찔러 넣은 손
찍어 둔 좌표는
채 반도 건지지 못한 채 다시 호텔로 돌아간다
동지가 다가와
내일은 더 긴 해를 볼 수 있다 애써 믿으려는
런던 관광객들
적어도 킹스웨이 걸어가는 절반은
이렇게 여행객이다

홀본역 앞 꽃집에서 값을 흥정하는 이들은
여행객이 아닌 런더너들

하루 일과 마치고 튜브 땅굴 속으로 파고들기 전에
그래도 늦가을 꽃향기라도 담아 가고픈
지갑 얇은 런던 샐러리맨들
시내 주차비 무서워
그들은 늘
홀본역 깊이 묻힌 에스클레이트를 오르내린다
저렇게 겉으론 멀쩡하게 생긴 선남선녀에게도
그저 월급봉투는
헐렁하게 걸친 싸구려 런던포그 바바리코트만큼이나 가벼운가 보다

킹스웨이엔 오늘도
흰 얼굴, 검은 얼굴, 덜 흰 얼굴, 덜 검은 얼굴들
귀걸이, 코걸이, 혀걸이, 눈걸이, 배꼽걸이한 사람들
별의별 희한한 사람 모두
한데 어우러져 오가며 뒤섞여 살아간다
그래서 런던은
다른 사람들 모여 다르지 않게 살아가는
혼돈 속 질서의 도시

그 중 백미는 역시
이 스산한 날씨도 아랑곳하지 않고
앞가슴 드러내 열어두고는 추위에 덜덜대는
철부지 여인네들

네온사인 불빛조차 인색한 런던엔
네 시면 칠흑같이 깔리는 어둠의 하루
동지섣달 기인 밤 무얼 하며 보낼까
저 스산한 킹스웨이에 총총대는 런더너들은

주)킹스웨이(Kingsway)는 런던정경대(LSE) 옆 간선도로이고, 홀본역(Holbon Station)은 LSE학생들이 가장 빈번히 사용하는 지하철(Tube) 역임.

| 발문 |

황윤원 시집《삐에로》에 부쳐

-지성과 문명비판을 넘어 공동체 의식에
이르는 사랑의 詩

신 광 호
(시인. 문예비전 주간)

칠흑의 밤하늘에 저리도 별이 밝게 빛나는 것은
별이 밝아서가 아니라 별을 품은 어둠이 있어서지요

부자 돋보이는 건
부자 잘 나서가 아니라 가난한 이 많아서지요

잘 생긴 사람 멋져 보이는 건
잘 생긴 얼굴 아니라 못난 얼굴 많아서지요

장미가 아름다운 건

장미의 아름다움 아니라 들풀 가까이 있어서지요
키 큰 사람 커 보이는 건
큰 키 아니라 작은 사람 곁에 있어서지요
백옥미인 아름다움도
뽀얀 살결 아니라 검은 얼굴 틈에 끼여 있어서지요

세상에는 홀로 빛나는 별 없고
홀로 부자 없고
홀로 잘 생긴 이 없고
홀로 아름다운 장미 없고
홀로 키 큰 사람 없고
홀로 뽀얀 백옥미인 없지요

소롯이
곁에 있는 삐에로 덕분이지요

-〈삐에로〉 전문

표제어 《삐에로》를 비롯하여 55편의 시가 모여 그 첫 시집이 이루어져, 끝없이 끝없는 시의 세계를 향해서 여기 새로운 출발을 한다. 우리 시의 정신사적인 면에서 화자의 모습을 보면, 지성과 문명비판을 넘어 공동체 의식에 이르는 사랑의 詩로서, 청자 지향의 의지가 엿보인다.

"보통 사람들이 그냥 지나쳐 버리기 쉬운 사물에, 자신의 기억과 추억을 불러들여 머물게 하고, 현재와 미래의 희망을 심어주는 작업이 곧 시의 일인 것도 같다. 관찰, 감성, 상상력은 물론 기본적인 것이지만, 그 위에 시인의 독특하고도 다양한 체험과 세계인식이 먼저 뿌리를 내리고 있어야 한다"는 말은 언제나 올바른 지적이라고 생각된다. 따라서 시를 어렵게 생각하고, 어려운 과정을 거쳐 만들어지고, 어려움 속에서 성취된 것이라야, 독자들에게는 쉽게 감동을 줄 수 있으리라고 생각된다.

황윤원(黃潤元) 시인의 시를 읽어본 것은 2009년 가을, 추천작품으로 비롯되었다. 그날 〈대동강 서시〉, 등에 내 마음이 사로잡혔다. 이처럼 기행의 실감이 잘 건져올려진 시가 드물기 때문이다. 이제 첫시집을 상재한다 하니 뒤늦은 감이 있지만, 등단 후 부지런히 시의 밭을 갈아오면서 우리에게 사랑과 희망을 읽게 해주어 반갑다. 그 인연으로 기쁜 발문에 애정을 실어 보낸다. 그는 "경북 울진에서 태어나 초등학교 문예반에서 미래 시인을 상상해봤다. 고교 땐 백일장 나가 장원도 해 봤다. 시인의 길 막연히 생각한 적 없진 않지만, 그게 그만 밥벌이에 바빠 오늘까지 왔다. 언젠간 시의 웅덩이 속에서 허우적대는 모습, 가끔은 상상해 볼 때 있다. 그러나 터무니없다는 걸 금방 알아차린다"고 소감을 밝힌 바 있다.

평양 하늘 위엔
휘영청 숫보름달 한가로이 걸어놓고

물 아래 암보름달
찰나 같은 인간 세상 비웃으며
강바닥에 털썩 한가로이 주저앉았다
(중 략)
저 건너 능라도 버들가진 옛날처럼 가지런히 휘어져 늘어졌고
대동강 물줄기는 세월도 잊은 채
도도히도 내일로 흘러가는데

아서라,
어인 운명이 이리도 지지리 못나
대동강 물줄기, 한강 물줄기 비껴 타게 했는가
(중 략)

대동강 늦은 밤
나는 지금
무슨 생각으로 이 안타깝고 아름다운 조국의 시를 빚어내야 할지
그려보고 지우고
지우고 또 그리고
원고지가 도대체 채워지질 못하네
(하 략)

-〈대동강 서시〉 일부

황윤원 시인의 작품 중에서 〈대동강 서시〉, 〈하얀 거짓말〉, 〈무선전화 선〉, 〈거기 누구 없나요?〉 등 추천작을 비

롯하여 살펴보면, 삶의 진솔한 체험을 언어로, 가장 짧은 형태인 시를 빚어내기 위해 재미와 더불어 고민이 따랐음을 느끼게 된다.

〈대동강 서시〉는 좀 긴 편인데 '…대동강 늦은 밤/ 나는 지금/ 무슨 생각으로 이 안타깝고 아름다운 조국의 시를 빚어내야 할지/ 그려보고 지우고/ 지우고 또 그리고/ 원고지가 도대체 채워지질 못하네' (하략).

특수한 체험 현장의 무엇을 말할까 보다 어떻게 말할까(이미지화)하는 시작법이 다가선다. 황 시인의 시편들은 대체로 자기중심적인 면과 산문정신이 짙다. 앞으로 언어적 체험으로 모든 예술의 정상에 있는 시를 더욱 훌륭하게 만드는 일에 동행하시기를 부탁드린다.

황 시인이 이 시집 후기에서 밝히고 있듯이 진지한 삶을 통해 스스로 얻은 바를 가벼운 마음으로 즐거운 글쓰기를 하고 있는 모습이 엿보인다.

"시는 무엇일까?…. 내 세상에 내 방식대로 내가 만든 집에 들어가 앉아 그려내는 내 삶의 초상화 그 자체에 다름 아닐 게다. 그래서 아주 편한 마음으로 이 시집을 펴낸다"고.

일찍이 행정학의 길에 들어선 그는 미국 피츠버그 대학 졸업(행정학 박사), 중앙대 부총장, 한국행정연구원 원장, 한국행정학회 회장, 청와대 사회정책비서관 등을 역임했고, 행정학과 교수로 후진을 양성하고 있다. 홍조근

정훈장, 미국행정학회 국제우수학자상, 보건복지부 장관 표창 등을 수상했다.

황 시인은 등단소감에서 이렇게 말하고 있다.

"우연이 일 저지른다고 하던가. 참으로 우연한 기회, 역사기행에서 귀인들 만났다.
신용철 교수님, 신극범 · 정완호 · 권재술 세 분 총장님들, 게으른 날 깨워주셨다. 당치도 않은 희망과 격려의 찬사를 듬뿍 묻혀서, 겁 없이 그분들 인사치레 칭찬에 넘어가 이렇게 일 저지른 것 같다. 감사할 뿐이다. 졸작을 읽어가며 눈살 찌푸리시는 심사위원님들 그림 선하다. 최선 아니면 차선이라니 몹시 힘겨웠을 심사에 감사드린다.
이제 용기를 주신 이들에게 회신을 쓸 때가 다가온다. 걱정이다. 무엇을, 어떻게 감히 써 나갈지. 그래도 한번 시작은 깔끔하게 해보고 싶다.
저를 詩 세계로 처음 손 당겨주신 故 金尙淳 초등학교 은사님, 저도 이제 등단한 셈이라네요. 고맙습니다."

문예비전은 창간 시부터 우리 문학의 전통을 잇고 계승하는 문학정신을 지닌 신인 발굴에 힘쓰고 있다. 그동안 한국문단의 원로이시며 국제적으로 널리 알려져 있는 편운(片雲) 조병화(趙炳華) 시인(전, 한국문인협회 이사장, 예술원 회장)께서 직접 시 부문 신인상을 심사하셨다. 이승을 떠나신 후로는 합동과 개별로 심사위원을 선정하고 있다. 그간 시 부문 심사는 박태진, 박이도, 이성부, 이향아, 신광호, 박성철, 임병호, 홍석하 시인이, 시조부문은 이은방, 박시교, 박영교 시조시인 등이 진행하였다.

삼가 이 글을 적으면서 각별한 관심과 성원을 주신 여러분과 〈진실한 사람들〉의 김주안 대표와 박진실 님께 감사드린다. 귀한 시집에 티가 되지 않을까 걱정하면서 많은 독자가 관심을 가져주시길 바란다.

2013년 봄

| 후기 |

시는 무엇일까

황 윤 원

시는 무엇일까?

시의 정의를 찾아 오랫동안 헤맸다. 시란 "가슴에 뭔가 넘쳐 견디기 힘들 때 병신같이 쭈그리고 앉아 그냥 끼적거려 보는 것(김규동)"인가. 아니면, "개똥참외라서 먼저 본 놈이 따먹는 것(이근배)"인가.

아니, 그보다는 오히려 "미아리 낡은 강의실에서 목월도 말했고, 미당도 말했고, 김구용도 학생들에게 담배 빌려 피우며 말했고, 소설 창작을 가르치는 동리도 불쑥 한마디 했던 것. 오늘은 나도 말할란다, 똥이야!"라던 김종철 시인의 '똥이론'이 맞는지 모르겠다. 아무짝에도 쓸모없고 누구나 피하는 똥, 그러나 싸지 않으면 죽게 되고 상춧닢 키워주는 귀한 똥이 시라는 걸까?

아니지, 좀 더 고고하게 말해 "내 뼈 안에서 울리는 내 재율(신달자)"로 가슴에 묻어둔 사연을 풀어내는 말의 성찬이겠지. 허기야 제법 멋을 부려 낭만적으로 풀자면

"초가집 굴뚝에서 피어오르는 저녁연기(오탁번)"처럼 종일토록 맺힌 아련히 아픈 가슴 줄기를 저녁 하늘로 흩뿌려 올려 버리는 저녁연기 같은 인생의 회한이란 말인가?

아니다, 아니다. 그 어느 것도 정말 시가 뭔지를 속 시원히 알려주지 못한다. 시란 다만 시일 뿐, "내 삶의 단독정부(천양희)"에 지나지 않을 게다. 내 세상에 내 방식으로 내가 만든 집에 나 혼자 들어가 앉아 그려내는 내 삶의 초상화 그 자체에 다름 아닐 게다.

그래, 그러자.

도무지 뜻 모를 난해한 기호로 시를 정의내리는 사람들에게 각성을 촉구하는 김영남 시인의 말을 듣기로 하자. 시란 그저 "유쾌하고도 지적인 게임 같은 것"으로 아주 편히 "마음속 생각을 옮기는 문학적 도구"라고.

그래서 이렇게 아주 편한 마음으로 이 시집을 펴낸다.

2013. 4.

황윤원 시집

삐에로 Pierrot

1판 1쇄 인쇄/ 2013년 6월 30일
1판 1쇄 발행/ 2013년 7월 15일

지은이/ 황윤원
펴낸이/ 김주안
펴낸곳/ 도서출판 진실한 사람들
주소/ 서울특별시 종로구 경운동 88 수운회관 713호
Tel/ 02-730-3046~7
Fax/ 02-730-3048
E-mail/ munvi22@hanmail.net
http://cafe.daum.net/VisionLiteraryArts
등록번호/ 제300-2003-210호
ISBN/ 978-89-91905-53-5

값 8,000원
잘못 만들어진 책은 바꿔 드립니다.